Chinese Picture Dictionary
Learn Chinese Through Realistic Scenarios
華語情境圖畫詞典

聯經華語 · Linking Chinese

Chinese Picture Dictionary:
Learn Chinese Through Realistic Scenarios
華語情境圖畫詞典

Published in November, 2012   Price: NTD 490

Author	Mandarin Training Center National Taiwan Normal University
Advisor	Tehming Yeh
Editor in Chief	Linden Lin

Editor	Peng Li
Contributing Editors	Yi-jing Chen Chia-pi Chao Yu-juan Lai
English Editor	Chris Findler
Illustrator	Dream State Studio
Art Designer	Dream State Studio
Audio Director	Pure Recording & Mixing

Publisher	Linking Publishing Company
Address	4F No. 180, Sec.1, Keelung Rd., Taipei, Taiwan (R.O.C.)
Tel	+886-2-8787-6242
Fax	+886-2-2756-7668
Website	www.linkingbooks.com.tw
E-mail	linking@udngroup.com

2012年11月初版   定價：新臺幣490元

有著作權 · 翻印必究

著　　　者	國立臺灣師範大學國語教學中心			
審　　　訂	葉　德　明			
發　行　人	林　載　爵			

出　版　者	聯經出版事業股份有限公司	叢書編輯	李　　　苉
地　　　址	台北市基隆路一段180號4樓	圖文編輯	陳　怡　靜
編輯部地址	台北市基隆路一段180號4樓		趙　家　璧
叢書主編電話	(02)87876242轉226		賴　玉　娟
台北聯經書房	台北市新生南路三段94號	英文編輯	Chris Findler
電　　　話	(02)23620308	插　　　畫	夢想國工作室
台中分公司	台中市北區健行路321號1樓	整體設計	夢想國工作室
暨門市電話	(04)22371234ext.5	錄音後製	純粹錄音後製公司
郵政劃撥帳戶	第0100559-3號		
郵撥電話	(02)23620308		
印　刷　者	文聯彩色製版印刷有限公司		
總　經　銷	聯合發行股份有限公司		
發　行　所	新北市新店區寶橋路235巷6弄6號2樓		
電　　　話	(02)29178022		

本書如有缺頁，破損，倒裝請寄回台北聯經書房更換。　ISBN　978-957-08-4078-0 (精裝)
聯經網址：www.linkingbooks.com.tw
電子信箱：linking@udngroup.com

國家圖書館出版品預行編目資料

華語情境圖畫詞典/國立臺灣師範大學國語教學中心著 .
初版 . 臺北市 . 聯經 . 2012年11月（民101年）. 80面 .
21×29.5公分（聯經華語 · Linking Chinese）
ISBN　978-957-08-4078-0（精裝附光碟）

1.漢語詞典

802.3   101020407

Table of Contents 目次

Editor's Preface

As the age of Chinese language learners has decreased in recent years and the number of Chinese language courses offered in schools has increased around the world, there arises a high demand for good Chinese learning materials for children. To ensure effective learning, a dynamic approach is needed to actively involve and motivate the young learners, in addition to good teachers, well-organized classes, appropriate materials, and accurate assessment. A proactive way of learning requires the parents/teachers to play the role of a facilitator, choosing fun-filled, age-appropriate readers and reading along with the young learners. The process of reading together can be enhanced by interactive show-and-tell with lively illustrations of the stories. Depictive illustrations serve to stimulate visual intake of the content and engage the children in active and spontaneous learning tasks that help improve their language skills. To arouse interest and joy in learning Chinese among children, we have composed this *Chinese Picture Dictionary: Learn Chinese Through Realistic Scenarios*, a book designed especially for young beginners to grasp Chinese words. We hope that this situation-depicting dictionary will incite curiosity in children as they explore each illustrated scene and it will provide parents and teachers a useful tool for nurturing a good attitude and appetite in beginning learners.

This dictionary consists of a total of 684 words based on the vocabulary list for Children's Chinese Competency Certification (CCCC) (cccc.sc-top.org.tw). The test was designed by the Steering Committee for the Test Of Proficiency-Huayu, specifically for children whose native language is not Chinese. All of the words come from everyday language used by children between the ages of seven and twelve. The content of the dictionary depicts the year-round life of a family. In the 26 illustrated scenarios, readers can follow the family members as they are engaged in various activities around the city, in the school, and at their leisure time. In addition, there are nine independent learning units with salient topics such as body parts, numbers, time, actions, and feelings. These units consist of basic concepts pertaining to a child's cognitive development. A special feature of this dictionary is its lively illustrations designed to capture the eyes of children. All 35 learning units center around scenes from daily life that children can relate to, as they abide by the linguistic, psychological, and cognitive development of children. Most importantly, the fundamental theme of this picture dictionary is "applied learning", enabling young learners to master lexical meaning and usage through situated scenarios.

All vocabulary items are presented in traditional and simplified Chinese characters, with Mandarin phonetic symbols, Hanyu Pinyin and English explanations (See Picture 1). Each unit includes two MP3 tracks. The first track has the proper pronunciation of each word, and the second track provides a clearly enunciated example sentence (See Picture 2 for MP3 tracks). For an example sentence, please see the attached pamphlet.

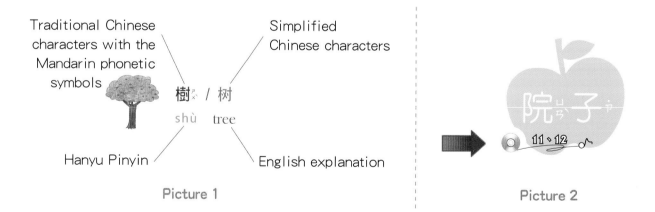

Traditional Chinese characters with the Mandarin phonetic symbols

Simplified Chinese characters

樹 / 树

shù   tree

Hanyu Pinyin

English explanation

Picture 1

Picture 2

The example sentences in this dictionary are short and simple, and each sentence is recited at an appropriate speed suitable for beginning learners. Learners can also listen to example sentences to practice easy tasks such as self-introduction, introducing others, describing things and people in simple terms. Some useful topics include "where my family lives," "what my elder brother likes," "how the weather is today," "describing shapes and colors," and "introducing school events." This picture dictionary is characterized by its rich, diverse, and fun-filled content designed particularly for self-directed learning as well as teacher/parent-facilitated reading activities. It can ultimately help learners to prepare for the CCCC exam in a more relaxed and joyful manner.

Mandarin Training Center, National Taiwan Normal University

編者的話

近年來，華語學習者的年齡層向下延伸，各國中小學陸續增設了華語課程，針對兒童開發華語教材的呼聲也逐漸受到重視，其實華語學習要有成效，除了優良的師資、課程、教材及評量工具以外，還需要學習者樂於主動學習。不過，主動學習是需要家長或師長耐心培養的，例如：選擇適齡、富趣味性的圖書；更重要的是陪伴孩子閱讀，閱讀過程中可以透過看圖說故事等方法來談論書中的內容，藉此提升孩子主動學習的意願及孩子的語文能力。為了激發兒童學習華語的興趣與樂趣，我們特別為初學華語的兒童編寫這本華語情境圖畫詞典，讓孩子可以抱著一顆好奇的心去探索每一張情境圖，也讓家長及師長有一個媒介，培養孩子良好的學習態度。

本詞典一共收錄684詞，參考來源為「兒童華語文能力測驗」（Children's Chinese Competency Certification (cccc.sc-top.org.tw)）的詞彙表，這個詞彙表是針對母語非華語的兒童而設計的，所有詞彙皆為七至十二歲兒童日常生活中常用的詞彙。詞典的內容以一家人一年四季的生活為中心，在26張情境圖中可以看到主角的家、主角居住的城市和學校以及主角的休閒活動等等。除此之外，另有9個獨立單元，如：身體器官、數字、時間、動作、情緒等等，這些單元都是兒童發展必須具備的基本認知概念。本詞典的特色為圖片設計生動活潑，能吸引兒童注意；35個單元皆以兒童生活中可以接觸到的事物為取材，符合兒童語言、心理及認知的發展；最重要的是，以「邊學，邊用」的理念為出發點，讓學習者透過情境可以學習詞彙的意義，更能掌握詞彙的使用方法。

所有詞彙皆標示正體字、簡體字、注音符號、漢語拼音及英文解釋，請見圖一。每個單元標題的下方都標示了兩首MP3曲目，第一首是詞彙的正確發音，第二首則是朗讀詞彙及例句，MP3曲目標示的位置，請見圖二。例句的文字請見隨書所附的別冊。

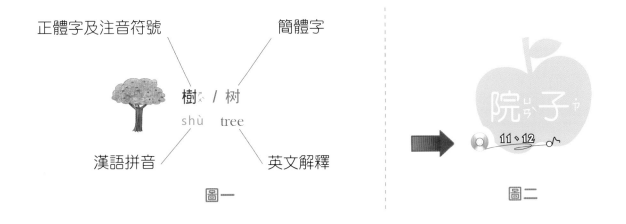

圖一　　　　　　　　　　　　　　　圖二

本詞典的例句簡短、簡單，且朗讀速度慢，符合初階學習者的程度及需求，學習者透過聆聽例句，還可以練習自我介紹和介紹他人、以及對事物簡單的描述，例如：我家住在哪裡、哥哥喜歡什麼、今天天氣如何、描述物體的形狀及顏色、介紹學校的運動會等等。詞典內容豐富、多元、有趣，不僅可以作為自我學習的工具書，也可以作為老師、家長幫助孩子建立閱讀習慣的最佳選擇，更可以幫助學習者輕鬆地準備兒童華語文能力測驗，增進自身的華語文能力。

國立臺灣師範大學國語教學中心

春天 chūntiān spring

家人 **jiārén**
family member

春天

我的父母 父母
fùmǔ parents

外婆 / 外婆
wàipó grandmother

外公 / 外公
wàigōng grandfather

我們兄弟姊妹和小狗
兄弟姐妹　　小狗
xiōngdì jiěmèi xiǎogǒu
siblings puppy

阿姨 / 阿姨
āyí aunt

媽媽 / 妈妈
māma mother

爺爺和兒子
儿子 érzi son

外公和女兒
女儿
nǚér daughter

妹妹 / 妹妹
mèimei
younger sister

奶奶和孫子、孫女
孙子、孙女 sūnzi、sūnnǚ
grandson and granddaughter

09

家 jiā
home

出去ㄔㄨ ㄑㄩ / 出去
chūqù
to go out

鄰居ㄌㄧㄣ ㄐㄩ / 邻居
línjū
neighbor

下樓ㄒㄧㄚ ㄌㄡ / 下楼
xiàlóu
to go downstairs

鑰匙ㄧㄠ ㄕ / 钥匙
yàoshi   key

上樓ㄕㄤ ㄌㄡ / 上楼
shànglóu
to go upstairs

浴室ㄩ ㄕ / 浴室
yùshì   bathroom

進ㄐㄧㄣ / 进
jìn   to enter

門ㄇㄣ / 门
mén   door

 屋頂 / 屋顶
wūdǐng　roof

 房子 / 房子
fángzi　house

 樓梯 / 楼梯
lóutī　stairs

 客廳 / 客厅
kètīng　living room

 廁所 / 厕所
cèsuǒ
restroom

 廚房 / 厨房
chúfáng
kitchen

 飯廳 / 饭厅
fàntīng
dining room

 臥房 / 卧房
wòfáng
bedroom

 牆 / 墙
qiáng　wall

 書房 / 书房
shūfáng　study

 陽台 / 阳台
yángtái　balcony

11

過(ㄍㄨㄛˋ)新(ㄒㄧㄣ)年(ㄋㄧㄢˊ)

05、06

过新年　guò Xīnnián
to celebrate the Chinese New Year

生(ㄕㄥ)肖(ㄒㄧㄠˋ) / 生肖　shēngxiào　Chinese Zodiac

 鼠(ㄕㄨˇ) / 鼠　shǔ　rat

 牛(ㄋㄧㄡˊ) / 牛　niú　ox

 虎(ㄏㄨˇ) / 虎　hǔ　tiger

 兔(ㄊㄨˋ) / 兔　tù　rabbit

 龍(ㄌㄨㄥˊ) / 龙　lóng　dragon

 蛇(ㄕㄜˊ) / 蛇　shé　snake

 馬(ㄇㄚˇ) / 马　mǎ　horse

 羊(ㄧㄤˊ) / 羊　yáng　goat

 猴(ㄏㄡˊ) / 猴　hóu　monkey

 雞(ㄐㄧ) / 鸡　jī　rooster

 狗(ㄍㄡˇ) / 狗　gǒu　dog

 豬(ㄓㄨ) / 猪　zhū　pig

壓(ㄧㄚ)歲(ㄙㄨㄟˋ)錢(ㄑㄧㄢˊ) /
压岁钱
yāsuìqián
New Year's
money

鳳(ㄈㄥˋ)梨(ㄌㄧˊ) / 凤梨
fènglí
pineapple

 蘋(ㄆㄧㄥˊ)果(ㄍㄨㄛˇ) / 苹果　píngguǒ　apple

 橘(ㄐㄩˊ)子(ㄗ) / 橘子　júzi　tangerine

 火(ㄏㄨㄛˇ)鍋(ㄍㄨㄛ) / 火锅　huǒguō　hotpot

拜年 ㄅㄞ ㄋㄧㄢˊ / 拜年
bàinián　to pay a New Year call

 菜 ㄘㄞˋ / 菜
cài　dish

 豬肉 ㄓㄨ ㄖㄡˋ / 猪肉
zhūròu
pork

 雞肉 ㄐㄧ ㄖㄡˋ / 鸡肉
jīròu
chicken

 魚 ㄩˊ / 鱼
yú
fish

 餃子 ㄐㄧㄠˇ ㄗ / 饺子
jiǎozi　dumpling

 飯 ㄈㄢˋ / 饭
fàn　rice

 蝦 ㄒㄧㄚ / 虾
xiā　shrimp

晚餐 **wǎncān**
dinner

老鼠 / 老鼠
lǎoshǔ
mouse

冰箱 / 冰箱
bīngxiāng
refrigerator

喝 / 喝
hē   to drink

水壺 / 水壶
shuǐhú
pitcher

吃 / 吃
chī   to eat

香腸 / 香肠
xiāngcháng   sausage

盤子 / 盘子
pánzi   plate

湯匙 / 汤匙
tāngchí   ladle

做菜／做菜
zuòcài　to cook

 刀／刀
dāo　knife

 玉米／玉米
yùmǐ　corn

 蘿蔔／萝卜
luóbo
carrot; daikon

 桌子／桌子
zhuōzi　table

 碗／碗
wǎn　bowl

 筷子／筷子
kuàizi
chopsticks

 豆腐／豆腐
dòufǔ
tofu

 青菜／青菜
qīngcài
green vegetables

 湯／汤
tāng　soup

 咖哩／咖哩
gālǐ　curry

 炒飯／炒饭
chǎofàn　fried rice

客厅 kètīng
living room

垃圾 / 垃圾
lèsè   garbage

蕃茄 / 番茄
fānqié   tomato

雜誌 / 杂志
zázhì   magazine

電話 / 电话
diànhuà
telephone

帽子 / 帽子
màozi   hat

地板 / 地板
dìbǎn   floor

電視 / 电视
diànshì   TV

 鐘ㄓㄥ / 钟
zhōng　clock

 傘ㄙㄢ / 伞
sǎn　umbrella

 花瓶ㄏㄨㄚㄆㄥ / 花瓶
huāpíng　vase

 燈ㄉㄥ / 灯
dēng　lamp

 冷氣ㄌㄥㄑㄧ / 冷气
lěngqì
air conditioner

 電風扇ㄉㄧㄢㄈㄥㄕㄢ /
电风扇
diànfēngshàn
fan

 窗戶ㄔㄨㄤㄏㄨ / 窗户
chuānghù
window

 報紙ㄅㄠㄓ / 报纸
bàozhǐ　newspaper

 沙發ㄕㄚㄈㄚ / 沙发
shāfā　sofa

 茶壺ㄔㄚㄏㄨ / 茶壶
cháhú　teapot

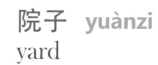

院子 **yuànzi**
yard

跳ㄊㄧㄠˋ / 跳
tiào
to jump

丟ㄉㄧㄡ / 丟
diū
to toss

遊ㄧㄡˊ戲ㄒㄧˋ / 游戏
yóuxì　game

躲ㄉㄨㄛˇ / 躲
duǒ　to hide

捉ㄓㄨㄛ迷ㄇㄧˊ藏ㄘㄤˊ / 捉迷藏
zhuōmícáng　hide-and-seek

玩ㄨㄢˊ球ㄑㄧㄡˊ / 玩球
wán qiú　to play ball

18

 樹 / 树　shù　tree

 花 / 花　huā　flower

 蝴蝶 / 蝴蝶　húdié　butterfly

 蜜蜂 / 蜜蜂　mìfēng　bee

 草 / 草　cǎo　grass

 葉子 / 叶子　yèzi　leaf

 螞蟻 / 蚂蚁　mǎyǐ　ant

 池塘 / 池塘　chítáng　pond

 石頭 / 石头　shítou　stone

 種 / 种　zhòng　to grow

 小貓 / 小猫　xiǎomāo　kitty

 蝸牛 / 蜗牛　guāniú　snail

19

房间 **fángjiān**
bedroom

積木ㄇㄨˋ / 积木
jīmù　blocks

卡ㄎㄚˇ片ㄆㄧㄢˋ / 卡片
kǎpiàn　card

日ㄖˋ記ㄐㄧˋ / 日记
rìjì　diary

制ㄓˋ服ㄈㄨˊ / 制服
zhìfú　uniform

小ㄒㄧㄠˇ說ㄕㄨㄛ / 小说
xiǎoshuō　novel

書ㄕㄨ架ㄐㄧㄚˋ / 书架
shūjià　bookshelf

書ㄕㄨ桌ㄓㄨㄛ / 书桌
shūzhuō　desk

娃ㄨㄚˊ娃ㄨㄚˊ / 娃娃
wáwa　stuffed toy; doll

睡ㄕㄨㄟˋ覺ㄐㄧㄠˋ / 睡觉
shuìjiào　to sleep

 床<ruby>ㄔㄨㄤˊ</ruby> / 床
chuáng　bed

 棉<ruby>ㄇㄧㄢˊ</ruby>被<ruby>ㄅㄟˋ</ruby> / 棉被
miánbèi　quilt

 衣<ruby>ㄧ</ruby>櫃<ruby>ㄍㄨㄟˋ</ruby> / 衣柜
yīguì　closet

 背<ruby>ㄅㄟ</ruby>包<ruby>ㄅㄠ</ruby> / 背包
bēibāo　backpack

 襪<ruby>ㄨㄚˋ</ruby>子<ruby>ㄗ</ruby> / 袜子
wàzi　socks

 皮<ruby>ㄆㄧˊ</ruby>球<ruby>ㄑㄧㄡˊ</ruby> / 皮球
píqiú
rubber ball

 收<ruby>ㄕㄡ</ruby>音<ruby>ㄧㄣ</ruby>機<ruby>ㄐㄧ</ruby> /
收音机
shōuyīnjī
radio

 漫<ruby>ㄇㄢˋ</ruby>畫<ruby>ㄏㄨㄚˋ</ruby> / 漫画
mànhuà
comic book

 郵<ruby>ㄧㄡˊ</ruby>票<ruby>ㄆㄧㄠˋ</ruby> / 邮票
yóupiào　stamp

 收<ruby>ㄕㄡ</ruby>集<ruby>ㄐㄧˊ</ruby> / 收集
shōují　to collect

 玩<ruby>ㄨㄢˊ</ruby>具<ruby>ㄐㄩˋ</ruby> / 玩具
wánjù　toy

浴室 yùshì
bathroom

水災 / 水灾
shuǐzāi
flood

叫 / 叫
jiào
to bark

濕 / 湿
shī wet

桶子 / 桶子
tǒngzi
bucket

浴缸 / 浴缸
yùgāng tub

洗澡 / 洗澡
xǐzǎo　to take a bath

蟑螂 / 蟑螂
zhāngláng　cockroach

內褲 / 内裤
nèikù　underpants

鏡子（ㄐㄧㄥˋ ㄗˇ）/ 镜子
jìngzi　mirror

 梳子（ㄕㄨ ㄗˇ）/ 梳子
shūzi　comb

 牙膏（ㄧㄚˊ ㄍㄠ）/ 牙膏
yágāo　toothpaste

 牙刷（ㄧㄚˊ ㄕㄨㄚ）/ 牙刷
yáshuā　toothbrush

 馬桶（ㄇㄚˇ ㄊㄨㄥˇ）/ 马桶
mǎtǒng　toilet

 衛生紙（ㄨㄟˋ ㄕㄥ ㄓˇ）/ 卫生纸
wèishēngzhǐ
toilet paper

 洗衣機（ㄒㄧˇ ㄧ ㄐㄧ）/ 洗衣机
xǐyījī
washing machine

 髒（ㄗㄤ）/ 脏
zāng　dirty

 内衣（ㄋㄟˋ ㄧ）/ 内衣
nèiyī　undershirt

 乾淨（ㄍㄢ ㄐㄧㄥˋ）/ 干净
gānjìng　clean

 毛巾（ㄇㄠˊ ㄐㄧㄣ）/ 毛巾
máojīn　towel

23

书房 shūfáng
study

安靜 / 安静
ānjìng
quiet

吉他 / 吉他
jítā guitar

電動玩具 /
电动玩具
diàndòng wánjù
video game

筆 / 笔
bǐ pen

信 / 信
xìn letter

咖啡 / 咖啡
kāfēi coffee

電子郵件 / 电子邮件
diànzǐ yóujiàn email

櫃子 / 柜子
guìzi　bookcase

 書 / 书
shū　book

 國旗 / 国旗
guóqí　national flag

春天

 書法 / 书法
shūfǎ
Chinese calligraphy

 世界地圖 /
世界地图
shìjiè dìtú
world map

 高速公路 /
高速公路
gāosù gōnglù
freeway

 電腦 / 电脑
diànnǎo
computer

 手機 / 手机
shǒujī　cell phone

 領帶 / 领带
lǐngdài　tie

 字典 / 字典
zìdiǎn　dictionary

 眼鏡 / 眼镜
yǎnjìng　glasses

25

夏天 xiàtiān summer

城市　chéngshì
city

車**站** / 车站
chēzhàn　station

飛機場 / 飞机场
fēijīchǎng
airport

工**廠** / 工厂
gōngchǎng
factory

教**堂** / 教堂
jiàotáng　church

博**物館** / 博物馆
bówùguǎn　museum

飯店 / 饭店
fàndiàn　hotel

大**樓** / 大楼
dàlóu　tall building

學校 ㄒㄩㄝˊ ㄒㄧㄠˋ / 学校　xuéxiào　school

 公園 ㄍㄨㄥ ㄩㄢˊ / 公园　gōngyuán　park

 補習班 ㄅㄨˇ ㄒㄧˊ ㄅㄢ / 补习班　bǔxíbān　cram school

市場 ㄕˋ ㄔㄤˇ / 市场
shìchǎng　market

商店 ㄕㄤ ㄉㄧㄢˋ / 商店
shāngdiàn　shop

郵局 ㄧㄡˊ ㄐㄩˊ / 邮局
yóujú
post office

銀行 ㄧㄣˊ ㄏㄤˊ / 银行
yínháng
bank

警察局 ㄐㄧㄥˇ ㄔㄚˊ ㄐㄩˊ /
警察局
jǐngchájú
police station

 停車場 ㄊㄧㄥˊ ㄔㄜ ㄔㄤˇ / 停车场　tíngchēchǎng　parking lot

 醫院 ㄧ ㄩㄢˋ / 医院　yīyuàn　hospital

 開車 ㄎㄞ ㄔㄜ / 开车　kāichē　to drive

端午節 ㄉㄨㄢ ㄨˇ ㄐㄧㄝˊ

21、22

端午节 Duānwǔjié
the Dragon Boat Festival

對不起 ㄉㄨㄟˋ ㄅㄨˋ ㄑㄧˇ
对不起
Duìbùqǐ. Sorr

破 ㄆㄛˋ / 破
pò
to break apart

腳踏車 ㄐㄧㄠˇ ㄊㄚˋ ㄔㄜ /
脚踏车
jiǎotàchē
bicycle

男孩 ㄋㄢˊ ㄏㄞˊ / 男孩
nánhái   boy

蛋 ㄉㄢˋ / 蛋
dàn   egg

 大便 ㄉㄚˋ ㄅㄧㄢˋ / 大便
dàbiàn   poo

 洞 ㄉㄨㄥˋ / 洞
dòng   hole

 椰子 ㄧㄝˊ ㄗˇ / 椰子
yézi   coconut

30

 河ㄏㄜˊ / 河 hé river

 龍ㄌㄨㄥˊ舟ㄓㄡ / 龙舟 lóngzhō dragon boat

 船ㄔㄨㄢˊ / 船 chuán boat

夏天

 加ㄐㄧㄚ油ㄧㄡˊ / 加油 jiāyóu to cheer on

 太ㄊㄞˋ陽ㄧㄤˊ / 太阳 tàiyáng sun

 戴ㄉㄞˋ / 戴 dài to put on

 粽ㄗㄨㄥˋ子ㄗ / 粽子 zòngzi zongzi

 西ㄒㄧ瓜ㄍㄨㄚ / 西瓜 xīguā watermelon

沒ㄇㄟˊ關ㄍㄨㄢ係ㄒㄧˋ / 没关系
Méiguānxi.　Don't worry about it.

 冰ㄅㄧㄥ淇ㄑㄧˊ淋ㄌㄧㄣˊ / 冰淇淋 bīngqílín ice cream

 果ㄍㄨㄛˇ汁ㄓ / 果汁 guǒzhī juice

上 ㄕㄤˋ 課 ㄎㄜˋ

上课 **shàngkè**
to go to class

23、24

校ㄒㄧㄠˋ長ㄓㄤˇ／校长
xiàozhǎng
principal

打ㄉㄚˇ掃ㄙㄠˇ／打扫
dǎsǎo　to clean

椅ㄧˇ子ㄗˇ／椅子
yǐzi　chair

毛ㄇㄠˊ筆ㄅㄧˇ／毛笔
máobǐ
calligraphy brush

尺ㄔˇ／尺
chǐ　ruler

（黑板）
值日生：
王小美
題目：
水果

水ㄕㄨˇ彩ㄘㄞˇ／水彩
shuǐcǎi　watercolors

蠟ㄌㄚˋ筆ㄅㄧˇ／蜡笔
làbǐ　crayon

彩ㄘㄞˇ色ㄙㄜˋ筆ㄅㄧˇ／彩色笔
cǎisèbǐ　color pen

教室 / 教室
jiàoshì classroom

 課本 / 课本
kèběn textbook

 畫畫 / 画画
huàhuà to draw

夏天

 黑板 / 黑板
hēibǎn blackboard

 水果 / 水果
shuǐguǒ fruit

 紙 / 纸
zhǐ paper

 學生 / 学生
xuéshēng student

 老師 / 老师
lǎoshī teacher

 剪刀 / 剪刀
jiǎndāo scissors

 橡皮擦 / 橡皮擦
xiàngpícā eraser

 鉛筆 / 铅笔
qiānbǐ pencil

 膠水 / 胶水
jiāoshuǐ glue

超級市場
超級
市場
25、26

超级市场 chāojíshìchǎng
supermarket

錢包 / 钱包
qiánbāo purse

找錢 / 找钱
zhǎoqián
to give change

袋子 / 袋子
dàizi bag

蜂蜜 / 蜂蜜
fēngmì honey

果醬 / 果酱
guǒjiàng jam

牛奶 / 牛奶
niúnǎi milk

先生 / 先生
xiānshēng gentleman

泡麵 / 泡面
pàomiàn instant noodles

肉ㄖㄡ / 肉
ròu　meat

 洋蔥ㄧㄤ ㄘㄨㄥ / 洋葱
yángcōng　onion

 南瓜ㄋㄢ ㄍㄨㄚ / 南瓜
nánguā　pumpkin

 小姐ㄒㄧㄠ ㄐㄧㄝ / 小姐
xiǎojiě　lady

 馬鈴薯ㄇㄚ ㄌㄧㄥ ㄕㄨ /
马铃薯
mǎlíngshǔ
potato

 香蕉ㄒㄧㄤ ㄐㄧㄠ / 香蕉
xiāngjiāo
banana

 檸檬ㄋㄧㄥ ㄇㄥ / 柠檬
níngméng
lemon

 梨子ㄌㄧ ㄗ / 梨子
lízi　pear

夏天

 米ㄇㄧ / 米
mǐ　rice

 嚐ㄔㄤ / 尝
cháng　to taste

 葡萄ㄆㄨ ㄊㄠ / 葡萄
pútáo　grape

十字路口 shízìlùkǒu
intersection

走路 / 走路
zǒulù to walk

工具 / 工具
gōngjù tool

卡車 / 卡车
kǎchē truck

消防車 /
消防车
xiāofángchē
fire truck

公車 / 公车
gōngchē bus

按喇叭 / 按喇叭
àn lǎba to honk the horn

司機 / 司机
sījī driver

計程車 / 计程车
jìchéngchē taxi

36

過馬路 / 过马路
guò mǎlù   to cross the road

斑馬線 / 斑马线
bānmǎxiàn   crosswalk

紅綠燈 /
红绿灯
hónglǜdēng
traffic light

車禍 / 车祸
chēhuò
car accident

汽車 / 汽车
qìchē   car

摩托車 /
摩托车
mótuōchē
scooter

救護車 /
救护车
jiùhùchē
ambulance

記者 / 记者
jìzhě   reporter

警察 / 警察
jǐngchá   police officer

吵架 / 吵架
chǎojià   to argue

遊_{一ㄡˊ}樂_{ㄌㄜˋ}園_{ㄩㄢˊ}

29、30

游乐园 **yóulèyuán**
amusement park

卡_{ㄎㄚˇ}通_{ㄊㄨㄥ}影_{一ㄥˇ}片_{ㄆㄧㄢˋ} /
卡通影片
kǎtōng yǐngpiàn
animation

排_{ㄆㄞˊ}隊_{ㄉㄨㄟˋ} / 排队
páiduì
to stand in line

螢_{一ㄥˊ}幕_{ㄇㄨˋ} / 萤幕
yíngmù
screen

電_{ㄉㄧㄢˋ}影_{一ㄥˇ}院_{ㄩㄢˋ} /
电影院
diànyǐngyuàn
movie theater

氣_{ㄑㄧˋ}球_{ㄑㄧㄡˊ} / 气球
qìqiú　balloon

飛_{ㄈㄟ}機_{ㄐㄧ} / 飞机
fēijī　airplane

火_{ㄏㄨㄛˇ}車_{ㄔㄜ} / 火车
huǒchē　train

台灣 / 台湾
Táiwān　Taiwan

 中國 / 中国
Zhōngguó　China

 表演 / 表演
biǎoyǎn　to perform

 樂器 / 乐器
yuèqì
musical instrument

 美國 / 美国
Měiguó
the United States

 泰國 / 泰国
Tàiguó
Thailand

 溜滑梯 /
溜滑梯
liūhuátī
slide

 韓國 / 韩国
Hánguó
Korea

 恐龍 / 恐龙
kǒnglóng　dinosaur

 日本 / 日本
Rìběn　Japan

 溜冰 / 溜冰
liūbīng　to skate

海边 hǎibiān
seashore

鯨魚 / 鲸鱼
jīngyú whale

掉 / 掉
diào to drop

貝殼 / 贝壳
bèiké shell

跌倒 / 跌倒
diédǎo to fall

海边 hǎibiān

抓 / 抓
zhuā to catch

沙 / 沙
shā sand

演員 / 演员
yǎnyuán actor

海 / 海
hǎi sea

小鳥 / 小鸟
xiǎoniǎo bird

島 / 岛
dǎo island

海灘 / 海滩
hǎitān beach

買 / 买
mǎi to buy

可樂 / 可乐
kělè Coke

三明治 /
三明治
sānmíngzhì
sandwich

披薩 / 披萨
pīsà pizza

海灘商店

電影 / 电影
diànyǐng movie

聊天 / 聊天
liáotiān to chat

火 / 火
huǒ fire

秋ㄑㄧㄡ 天ㄊㄧㄢ

秋天　qiūtiān　autumn

中秋节　**Zhōngqiūjié**
the Moon Festival

飲料 / 饮料
yǐnliào
beverage

夜市 / 夜市
yèshì
night market

廟 / 庙
miào　temple

羽毛球 /
羽毛球
yǔmáoqiú
badminton

奶油 / 奶油
nǎiyóu　butter

熱狗 / 热狗
règǒu　hot dog

月亮 / 月亮
yuèliàng　moon

飛 / 飞
fēi　to fly

兔子 / 兔子
tùzi　rabbit

星星 / 星星
xīngxing　star

下棋 / 下棋
xiàqí
to play chess

茶 / 茶
chá　tea

月餅 / 月饼
yuèbǐng
moon cake

柚子 / 柚子
yòuzi　pomelo

烤 / 烤
kǎo　to barbecue

柳橙 / 柳橙
liǔchéng　orange

餐厅 cāntīng
restaurant

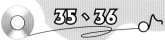

糖 / 糖
táng　sugar

酸 / 酸
suān　sour

點菜 / 点菜
diǎncài

to order dishes

汽水 / 汽水
qìshuǐ　soda

雞塊 / 鸡块
jīkuài　chicken nugget

麵 / 面
miàn　noodles

開水 / 开水
kāishuǐ　drinking water

46

生日 / 生日
shēngrì birthday

 蛋糕 / 蛋糕
dàngāo cake

 歡迎 / 欢迎
huānyíng to welcome

秋天

廚師 / 厨师
chúshī cook

Menu
－60元
－20元
－20元
－40元
－35元
－35元

打招呼 / 打招呼
dǎzhāohū
to say hello

 菜單 / 菜单
càidān menu

 客人 / 客人
kèrén customer

 漢堡 / 汉堡
hànbǎo
hamburger

 沙拉 / 沙拉
shālā salad

薯條 / 薯条
shǔtiáo
French fries

鹽 / 盐
yán salt

 辣 / 辣
là spicy

 胡椒粉 / 胡椒粉
hújiāofěn pepper

 炸雞 / 炸鸡
zhájī fried chicken

47

运动会 yùndònghuì
sports meet

37、38

畢業 / 毕业
bìyè to graduate

籃球 / 篮球
lánqiú basketball

跳舞 / 跳舞
tiàowǔ to dance

網球 / 网球
wǎngqiú tennis

游泳池 / 游泳池
yóuyǒngchí swimming pool

 操場 / 操场
cāochǎng　track

 賽跑 / 赛跑
sàipǎo　to race

 足球 / 足球
zúqiú　soccer

 踢 / 踢
tī　to kick

 棒球 / 棒球
bàngqiú
baseball

 打 / 打
dǎ　to hit

 接 / 接
jiē　to catch

 跳繩 / 跳绳
tiàoshéng
to jump rope

 女孩 / 女孩
nǚhái　girl

 游泳 / 游泳
yóuyǒng　to swim

乡村旅行 xiāngcūn lǚxíng
trip to the countryside

油畫 / 油画
yóuhuà
oil painting

畫家 / 画家
huàjiā　painter

木頭 / 木头
mùtou　wood

工人 / 工人
gōngrén　worker

蜘蛛 / 蜘蛛
zhīzhū　spider

蟲 / 虫
chóng　worm

蔬菜 / 蔬菜
shūcài　vegetable

農夫 / 农夫
nóngfū　farmer

小ㄒㄧㄠ朋ㄆㄥ友ㄧㄡ / 小朋友
xiǎopéngyǒu　kid

 山ㄕㄢ / 山
shān　mountain

天ㄊㄧㄢ空ㄎㄨㄥ / 天空
tiānkōng　sky

 秋天

 雲ㄩㄣ / 云
yún　cloud

 洗ㄒㄧ / 洗
xǐ　to wash

 散ㄙㄢ步ㄅㄨ / 散步
sànbù
to take a walk

 饅ㄇㄢ頭ㄊㄡ / 馒头
mántou
steamed bun

 豬ㄓㄨ / 猪
zhū　pig

 羊ㄧㄤ / 羊
yáng　goat

 追ㄓㄨㄟ / 追
zhuī　to chase

 農ㄋㄨㄥ田ㄊㄧㄢ / 农田
nóngtián　farmland

 牛ㄋㄧㄡ / 牛
niú　buffalo

51

露營 ㄌㄨˋ ㄧㄥˊ

露營　lùyíng
camping

青ㄑㄧㄥ 蛙ㄨㄚ / 青蛙
qīngwā　frog

癢ㄧㄤˇ / 痒
yǎng　itchy

蚊ㄨㄣˊ 子ㄗ / 蚊子
wénzi　mosquito

風ㄈㄥ 箏ㄓㄥ / 风筝
fēngzhēng　kite

 包ㄅㄠ 子ㄗ / 包子
bāozi　steamed stuffed bun

 野ㄧㄝˇ 餐ㄘㄢ / 野餐
yěcān　to picnic

森林 / 森林
sēnlín　forest

 彩虹 / 彩虹
cǎihóng　rainbow

 湖 / 湖
hú　lake

 鵝 / 鹅
é　goose

 烏龜 / 乌龟
wūguī　turtle

 鴨子 / 鸭子
yāzi　duck

 划船 / 划船
huáchuán
to row a boat

 釣魚 / 钓鱼
diàoyú　fishing

 照相 / 照相
zhàoxiàng　to take a picture

 照相機 / 照相机
zhàoxiàngjī　camera

53

冬天 dōngtiān winter

百货公司 băihuò gōngsī
department store

百貨公司
ㄅㄞ ㄏㄨㄛ ㄍㄨㄥ ㄙ
43、44

手錶 / 手表
ㄕㄡ ㄅㄧㄠ
shǒubiǎo　watch

皮帶 / 皮带
ㄆㄧ ㄉㄞ
pídài　belt

牛仔褲 /
ㄋㄧㄡ ㄗㄞ ㄎㄨ
牛仔裤
niúzǎikù　jeans

外套 / 外套
ㄨㄞ ㄊㄠ
wàitào　jacket

褲子 / 裤子
ㄎㄨ ㄗ
kùzi　pants

手帕 / 手帕
ㄕㄡ ㄆㄚ
shǒupà　handkerchief

上衣 / 上衣
shàngyī　shirt

 裙子 / 裙子
qúnzi　skirt

鞋子 / 鞋子
xiézi　shoes

洋裝 / 洋裝
yángzhuāng
dress

耳環 / 耳环
ěrhuán　earrings

圍巾 / 围巾
wéijīn　scarf

皮包 / 皮包
píbāo
handbag

項鍊 / 项链
xiàngliàn
necklace

冬天

 襯衫 / 衬衫
chènshān　shirt

 西裝 / 西装
xīzhuāng　suit

結婚 jiéhūn
to get married

45、46

親 / 亲
qīn   to kiss

戒指 / 戒指
jièzhǐ   ring

彈鋼琴 /
弹钢琴
tán gāngqín
to play the piano

拉小提琴 /
拉小提琴
lā xiǎotíqín
to play the violin

结婚 jiéhūn

吹喇叭 / 吹喇叭
chuī lǎba   to play the trumpet

吹笛子 / 吹笛子
chuī dízi   to play the flute

慶祝 ㄑㄧㄥˋ ㄓㄨˋ / 庆祝
qìngzhù to celebrate

 玫瑰 ㄇㄟˊ ㄍㄨㄟ / 玫瑰
méiguī rose

 照片 ㄓㄠˋ ㄆㄧㄢˋ / 照片
zhàopiàn photo

 賀

紅包 ㄏㄨㄥˊ ㄅㄠ / 红包
hóngbāo
red envelope with
gift money

 牛排 ㄋㄧㄡˊ ㄆㄞˊ / 牛排
niúpái beefsteak

 點心 ㄉㄧㄢˇ ㄒㄧㄣ / 点心
diǎnxīn snack

 叉子 ㄔㄚ ㄗˇ / 叉子
chāzi fork

 酒 ㄐㄧㄡˇ / 酒
jiǔ liquor

 奶茶 ㄋㄞˇ ㄔㄚˊ / 奶茶
nǎichá
milk tea

 打鼓 ㄉㄚˇ ㄍㄨˇ / 打鼓
dǎ gǔ to play the drum

 合唱團 ㄏㄜˊ ㄔㄤˋ ㄊㄨㄢˊ / 合唱团
héchàngtuán chorus

看医生 **kàn yīshēng**
to see a doctor

昏倒 / 昏倒
hūndǎo　to faint

布 / 布
bù　cloth

血 / 血
xiě　blood

受傷 /
受伤
shòushāng
to get hurt

眼淚 / 眼泪
yǎnlèi　tear

近視 / 近视
jìnshì　nearsighted

口罩 / 口罩
kǒuzhào　surgical mask

感冒 / 感冒
gǎnmào　to have a cold

藥 / 药
yào　medicine

藥局 / 药局
yàojú　pharmacy

冬天

咳嗽 / 咳嗽
késòu　to cough

發燒 / 发烧
fāshāo
to have a fever

護士 / 护士
hùshì　nurse

冰 / 冰
bīng　ice

打針 / 打针
dǎzhēn
to get a shot

蛀牙 / 蛀牙
zhùyá　cavity

牙醫 / 牙医
yáyī　dentist

痛 / 痛
tòng　to hurt

動物園

动物园　dòngwùyuán
ZOO

企鵝 / 企鹅
qìé　penguin

打開 / 打开
dǎkāi　to open

象 / 象
xiàng　elephant

尾巴 / 尾巴
wěiba　tail

獅子 / 狮子
shīzi　lion

打架 / 打架
dǎjià　to fight

偷 / 偷
tōu　to steal

猴子 / 猴子
hóuzi　monkey

 票 / 票
piào ticket

 大人 / 大人
dàrén adult

小孩 / 小孩
xiǎohái child

動物園

大人 700
小孩 350

 花園 / 花园
huāyuán garden

 馬 / 马
mǎ horse

 長頸鹿 /
长颈鹿
chángjǐnglù
giraffe

老虎 / 老虎
lǎohǔ tiger

 狼 / 狼
láng wolf

 蛇 / 蛇
shé snake

 毛 / 毛
máo fur

 貓熊 / 猫熊
māoxióng panda

 熊 / 熊
xióng bear

63

聖誕節

51、52

圣诞节　Shèngdànjié
Christmas

夢 / 梦
mèng　dream

巧克力 /
巧克力
qiǎokèlì
chocolate

盒子 / 盒子
hézi　box

草莓 / 草莓
cǎoméi
strawberry

麵包 / 面包
miànbāo　bread

杯子 / 杯子
bēizi　　glass

屋子 / 屋子
wūzi house

 滑雪 / 滑雪
huáxuě to ski

 玻璃 / 玻璃
bōlí glass

 毛衣 / 毛衣
máoyī sweater

 手套 / 手套
shǒutào mittens

 糖果 / 糖果
tángguǒ candy

 禮物 / 礼物
lǐwù gift

 鬍子 / 胡子
húzi beard

 餅乾 / 饼干
bǐnggān cookie

 搬 / 搬
bān to carry

65

數ㄕㄨˋ字ㄗˋ

方位ㄈㄤ ㄨㄟˋ、天氣ㄊㄧㄢ ㄑㄧˋ

時間ㄕˊ ㄐㄧㄢ

身ㄕㄣ 體ㄊㄧˇ

顏色ㄧㄢˊ ㄙㄜˋ

情緒ㄑㄧㄥˊ ㄒㄩˋ

形狀ㄒㄧㄥˊ ㄓㄨㄤˋ

動作ㄉㄨㄥˋ ㄗㄨㄛˋ

身体 shēntǐ
body

1. 頭ㄊㄡˊ / 头
   tóu head

2. 頭髮ㄈㄚˇ / 头发
   tóufǎ hair

3. 臉ㄌㄧㄢˇ / 脸
   liǎn face

4. 眼睛ㄐㄧㄥ / 眼睛
   yǎnjīng eyes

5. 眉ㄇㄟˊ毛ㄇㄠˊ / 眉毛
   méimáo eyebrows

6. 鼻ㄅㄧˊ子ㄗ / 鼻子
   bízi nose

7. 嘴ㄗㄨㄟˇ巴ㄅㄚ / 嘴巴
   zuǐba mouth

8. 牙ㄧㄚˊ齒ㄔˇ / 牙齿
   yáchǐ teeth

9. 耳ㄦˇ朵ㄉㄨㄛ / 耳朵
   ěrduo ears

10. 脖ㄅㄛˊ子ㄗ / 脖子
    bózi neck

11. 肩ㄐㄧㄢ膀ㄅㄤˇ / 肩膀
    jiānbǎng shoulders

12. 手ㄕㄡˇ / 手
    shǒu hands

13. 手ㄕㄡˇ臂ㄅㄧˋ / 手臂
    shǒubì arms

14. 手ㄕㄡˇ指ㄓˇ / 手指
    shǒuzhǐ fingers

15. 心ㄒㄧㄣ / 心
    xīn heart

16. 肚ㄉㄨˋ子ㄗ / 肚子
    dùzi belly

17. 背ㄅㄟˋ / 背
    bèi back

18. 屁ㄆㄧˋ股ㄍㄨˇ / 屁股
    pìgǔ bottoms

19. 腿ㄊㄨㄟˇ / 腿
    tuǐ legs

20. 腳ㄐㄧㄠˇ / 脚
    jiǎo feet

数字 **shùzì**
number

數字
55、56

零_カ / 零
líng zero

一 / 一
yī one

二_ル / 二
èr two

三_ム / 三
sān three

四_ム / 四
sì four

五_ㄨ / 五
wǔ five

六_カ / 六
liù six

七_く / 七
qī seven

八_ㄅ / 八
bā eight

九_ㄐ / 九
jiǔ nine

十_ㄕ / 十
shí ten

11
十_ㄕ一 / 十一
shíyī eleven

12
十_ㄕ二_ル / 十二
shíèr twelve

13
十_ㄕ三_ㄙ / 十三
shísān thirteen

14
十_ㄕ四_ㄙ / 十四
shísì fourteen

15
十_ㄕ五_ㄨ / 十五
shíwǔ fifteen

16
十_ㄕ六_カ / 十六
shíliù sixteen

17
十_ㄕ七_く / 十七
shíqī seventeen

18
十_ㄕ八_ㄅ / 十八
shíbā eighteen

19
十_ㄕ九_ㄐ / 十九
shíjiǔ nineteen

20
二_ル十_ㄕ / 二十
èrshí twenty

錢_く / 钱
qián money

一元_ㄩ / 元
yì yuán
one dollar

一百_ㄅ元_ㄩ / 一百元
yìbǎi yuán
one hundred dollars

一千_く元_ㄩ / 一千元
yìqiān yuán
one thousand dollars

一萬_ㄨ元_ㄩ / 一万元
yíwàn yuán
ten thousand dollars

全_く部_ㄅ / 全部
quánbù all

一半_ㄅ / 一半
yíbàn half

多_ㄉ / 多
duō many

少_ㄕ / 少
shǎo few

时间 shíjiān
time

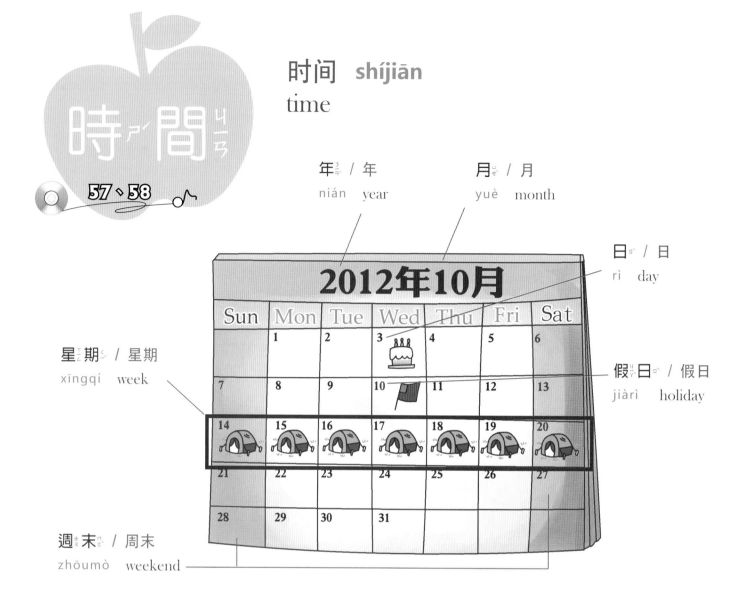

年ㄋㄧㄢˊ / 年
nián   year

月ㄩㄝˋ / 月
yuè   month

日ㄖˋ / 日
rì   day

星期ㄒㄧㄥㄑㄧ / 星期
xīngqí   week

假日ㄐㄧㄚˇㄖˋ / 假日
jiàrì   holiday

週末ㄓㄡㄇㄛˋ / 周末
zhōumò   weekend

2012年10月

Sun	Mon	Tue	Wed	Thu	Fri	Sat
	1	2	3	4	5	6
7	8	9	10	11	12	13
14	15	16	17	18	19	20
21	22	23	24	25	26	27
28	29	30	31			

以前ㄧˇㄑㄧㄢˊ / 以前
yǐqián
in the past

現在ㄒㄧㄢˋㄗㄞˋ / 现在
xiànzài
now

以後ㄧˇㄏㄡˋ / 以后
yǐhòu
in the future

去年ㄑㄩˋㄋㄧㄢˊ / 去年
qùnián   last year

今年ㄐㄧㄣㄋㄧㄢˊ / 今年
jīnnián   this year

明年ㄇㄧㄥˊㄋㄧㄢˊ / 明年
míngnián   next year

前天 / 前天
qiántiān
the day before yesterday

昨天 / 昨天
zuótiān
yesterday

今天 / 今天
jīntiān
today

明天 / 明天
míngtiān
tomorrow

後天 / 后天
hòutiān
the day after tomorrow

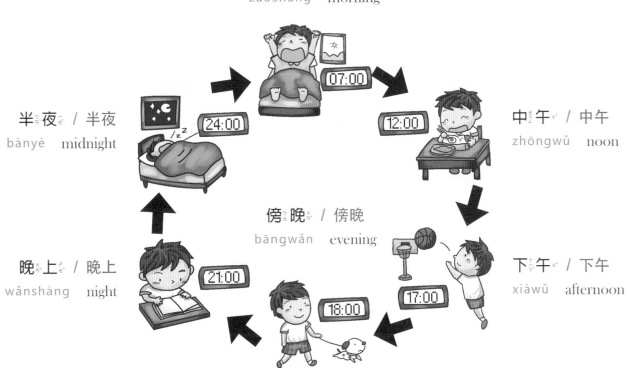

早上 / 早上
zǎoshàng morning

中午 / 中午
zhōngwǔ noon

下午 / 下午
xiàwǔ afternoon

傍晚 / 傍晚
bāngwǎn evening

晚上 / 晚上
wǎnshàng night

半夜 / 半夜
bànyè midnight

10 點 10 分
点 分
diǎn fēn
o'clock minute

10 點 半
半
bàn
half an hour

1 小時 / 小时
xiǎoshí hour

15 分鐘 / 分钟
fēnzhōng minute

方位 fāngwèi
position

天气 tiānqì
weather

上面 / 上面
shàngmiàn   above

下面 / 下面
xiàmiàn   below

左邊 / 左边
zuǒbiān   left

右邊 / 右边
yòubiān   right

裡面 / 里面
lǐmiàn   into

外面 / 外面
wàimiàn   out

前面 / 前面
qiánmiàn   front

後面 / 后面
hòumiàn   back

中間 / 中间
zhōngjiān   in the middle

旁邊 / 旁边
pángbiān   next to

對面 / 对面
duìmiàn   across

遠 / 远
yuǎn far

近 / 近
jìn near

北邊 / 北边
běibiān north

西邊 / 西边
xībiān west

東邊 / 东边
dōngbiān east

南邊 / 南边
nánbiān south

晴天 / 晴天
qíngtiān sunny

陰天 / 阴天
yīntiān cloudy

風 / 风
fēng wind

下雨 / 下雨
xiàyǔ to rain

閃電 / 闪电
shǎndiàn lightning

颱風 / 台风
táifēng typhoon

霧 / 雾
wù fog

下雪 / 下雪
xiàxuě to snow

溫度
温度
wēndù
temperature

溫暖 / 温暖
wēnnuǎn warm

熱 / 热
rè hot

涼快 / 凉快
liángkuài cool

冷 / 冷
lěng cold

颜色 **yánsè**
color

金色ㄣˋ / 金色
jīnsè gold

銀色ㄣˋ / 银色
yínsè silver

白色ㄣˋ / 白色
báisè white

黃色ㄣˋ / 黄色
huángsè yellow

橘色ㄣˋ / 橘色
júsè orange

黑色ㄣˋ / 黑色
hēisè black

紫色ㄣˋ / 紫色
zǐsè purple

綠色ㄣˋ / 绿色
lǜsè green

灰色ㄣˋ / 灰色
huīsè grey

藍色ㄣˋ / 蓝色
lánsè blue

紅色ㄣˋ / 红色
hóngsè red

形狀 xíngzhuàng
shape

長方形 / 长方形
chángfāngxíng　rectangle

正方形 / 正方形
zhèngfāngxíng　square

63、64

圓形 / 圆形
yuánxíng　circle

三角形 / 三角形
sānjiǎoxíng　triangle

捲 / 卷
juǎn　curl

彎 / 弯
wān　curved

直 / 直
zhí　straight

大 / 大
dà　big

小 / 小
xiǎo　small

高 / 高
gāo　tall

矮 / 矮
ǎi　short

長 / 长
cháng　long

短 / 短
duǎn　short

肥 / 肥
féi　fat

瘦 / 瘦
shòu　thin

寬 / 宽
kuān　wide

細 / 细
xì　thin

動作 ㄉㄨㄥˋ ㄗㄨㄛˋ

动作 dòngzuò
action

65、66

爬 ㄆㄚˊ / 爬
pá   to crawl

坐 ㄗㄨㄛˋ / 坐
zuò   to sit

站 ㄓㄢˋ / 站
zhàn   to stand

跑 ㄆㄠˇ 步 ㄅㄨˋ / 跑步
pǎobù   to jog

躺 ㄊㄤˇ / 躺
tǎng   to lie

走 ㄗㄡˇ 路 ㄌㄨˋ / 走路
zǒulù   to walk

拍 ㄆㄞ / 拍
pāi   to bounce

拉 ㄌㄚ / 拉
lā   to pull

推 ㄊㄨㄟ / 推
tuī   to push

捉 ㄓㄨㄛ / 捉
zhuō   to catch

抱 ㄅㄠˋ / 抱
bào   to hug

吹 ㄔㄨㄟ / 吹
chuī   to blow

咬 ㄧㄠˇ / 咬
yǎo   to bite

聞 ㄨㄣˊ / 闻
wén   to smell

讀 ㄉㄨˊ / 读
dú   to read

情绪 qíngxù
feeling

笑 / 笑
xiào　to laugh

哭 / 哭
kū　to cry

高興 / 高兴
gāoxìng　happy

生氣 / 生气
shēngqì　angry

喜歡 / 喜欢
xǐhuān　to like

討厭 / 讨厌
tǎoyàn　disgusted

累 / 累
lèi　tired

舒服 / 舒服
shūfú　comfortable

害羞 / 害羞
hàixiū　embarrassed

害怕 / 害怕
hàipà　scared

緊張 / 紧张
jǐnzhāng　nervous

擔心 / 担心
dānxīn　worried

煩惱 / 烦恼
fánnǎo　troubled

無聊 / 无聊
wúliáo　bored

索引 | Index